ABSOLUTISME

OU

RÉPUBLIQUE

PAR

GUSTAVE LEVAVASSEUR

Maire de Breteuil,

Conseiller général du département de l'Oise.

PARIS

LIBRAIRIE HETZEL

18, RUE JACOB, 18

1873

ABSOLUTISME OU RÉPUBLIQUE

I

La fusion est faite : le parti orléaniste est dissous. M. le comte de Paris a décliné toute compétition entre les mains de M. le comte de Chambord. La royauté constitutionnelle a abdiqué. Elle n'a plus en France de représentant. Il ne reste en cause que la monarchie de droit divin.

Le désistement du chef de la famille d'Orléans devant Henri V s'opère sans condition, au lendemain de la lettre par laquelle le chef désormais incontesté de la maison de Bourbon condamne énergiquement la majorité parlementaire, pour applaudir à une petite minorité de l'extrême droite qui veut, par une consécration solennelle de la France au Sacré-Cœur, faire d'une dévotion particulière un dogme national. C'est après les déclarations si nettes et si franches, mais si audacieuses de M. le comte de Chambord, qui nie les droits de la nation et revendique pour lui seul la pleine puissance; c'est quand M. le comte de Chambord a proclamé le régime nécessaire de la théocratie, que M. le comte de Paris amène son drapeau, qui signifiait souveraineté nationale, égalité civile et religieuse. M. le comte de Paris ne fait aucune réserve, il se rend sans condition : on ne stipule pas avec le pouvoir absolu. L'absolutisme a souvent existé en fait, jamais sa doctrine n'a été aussi catégoriquement formulée que par M. le comte de Chambord.

C'est la négation positive, explicite du droit pour une nation d'intervenir dans ses propres destinées : toute intervention de sa part n'est plus un droit, mais le renversement du *droit* lui-même, de ce droit primordial en dehors et au-dessus de la nation, et qui dispose d'elle. Le comte de Chambord a si loyalement émis de telles prétentions et de telles doctrines, que des esprits judicieux ont cru qu'il voulait systématiquement, par ses déclarations, se rendre impossible.

M. le comte de Paris était hier encore l'héritier du roi Louis-Philippe Ier et des principes de 89, la négation incarnée et vivante de la doctrine du droit divin ; il était une protestation à l'égard de Henri V. Il a déserté ce rôle pour se fondre dans l'unité de la maison de Bourbon. Il ne lui reste aucune signification distincte. Il n'est plus aux yeux de l'héritier de Charles X, comme aux nôtres, que le premier de ses sujets, tout au plus un satellite désormais obéissant, rentré dans l'orbite du pouvoir absolu. M. le comte de Paris est revenu au giron de la légitimité ; mais il y revient seul, sans adhérent, sans troupes ni soldats. Il a licencié son parti en passant à l'ennemi. Voilà un compétiteur de moins pour le comte de Chambord; il ne lui apporte aucune force effective.

Ce ne sont pas des partis politiques seulement qui sont opposés à la légitimité primordiale et absolue de Henri V, représentant obstiné du droit divin d'une royauté invariable: c'est l'esprit moderne, la société même, le monde moderne qui sont contraires à cette conception de la souveraineté; ce ne sont pas uniquement les républicains, les bonapartistes et les anciens orléanistes qui protestent, c'est le sentiment national, la constitution sociale de l'Europe elle-même. Ces prétendus conservateurs qui invoquent la légitimité sont, en effet, des révolutionnaires à outrance qui veulent tout renverser. Ils ont un dogme étroit; ils forment une petite Eglise hors de laquelle ils n'admettent point de salut et qui déclare la guerre à notre société. C'est une religion dont Henri V est le chef sacré, inviolable et omnipotent. Mais tandis que les religions d'ordinaire ne prétendent régner que sur les âmes, de leur libre consentement, le légitimisme, alliage hybride de politique et de religion, prétend asservir l'homme tout entier et régner aussi despotiquement sur les corps que sur les âmes. Cependant la foi ne se commande pas, et la société moderne répugne à admettre ce dogme absolu, auquel il faudrait pourtant un consentement unanime.

Quand on a cette religion et ce culte pour la royauté, assurément la soumission absolue ne coûte plus. La soumission passionnée devient une jouissance. Les services personnels envers le souverain, de quelque nature qu'ils soient, se justifient et s'ennoblissent aux yeux des fidèles. Les fonctions les plus humbles auprès de sa personne deviennent des dignités. Mais pour cette transformation du citoyen en serviteur dévot, il lui faut la foi, avec laquelle tout est facile, sans laquelle cet état de complète sujétion devient odieux; et la foi, nous ne l'avons plus. C'est le partage d'un bien petit nombre : vainement on voudrait y ramener toute une nation dans laquelle les dissidents seraient écrasés. Pour être un sujet soumis du roi légitime de droit divin, il faut l'abnégation et la ferveur : mais nous sommes devenus, en cela, incrédules.

Sans doute la concorde est le premier des biens pour une nation, dont elle fait la force et la puissance : mais la légitimité que l'on conteste n'offre pas l'avantage de cimenter l'union. Au lieu de nous réunir, c'est elle qui nous divise le plus. L'ancien ordre de choses d'avant 89, si contesté de son temps, loin d'être une ère de félicité triomphante, soulevait déjà contre lui la protestation des misères nationales, sous l'effort desquelles il a succombé. Le retour à l'ancien régime est devenu irréalisable aujourd'hui. La restauration d'une dynastie est par elle-même plus difficile que l'institution d'une monarchie nouvelle.

Les hommes, déjà mûrs aujourd'hui, dont l'enfance a vu 1830, ont gardé un profond souvenir de l'immense acclamation par laquelle la France a accueilli le triomphe de Juillet sur le régime que voulaient nous faire les ordonnances. Jamais révolution ne rencontra pareille unanimité d'enthousiasme. Et pourtant Charles X ne supprimait pas définitivement la Charte; il ne faisait qu'en suspendre les garanties, en s'armant contre elle d'un article faussement interprété. Le comte de Chambord va plus loin : il désavoue Charles X, qui avait juré d'observer la Charte, Louis XVIII, qui l'avait donnée, et Louis XVI, qui avait accepté une Constitution. Il ne reconnaît aucun droit à la nation, et ne veut pas accepter de Charte entre lui et *son peuple*. Il le veut entièrement soumis au régime du bon plaisir, promettant d'user paternellement de son plein pouvoir, c'est-à-dire que la France entière serait soumise au régime de la presse, sous l'Empire ne vivant que de tolérance. Il faut aujourd'hui, pour trouver l'application d'une telle théorie, aller jusqu'à Constantinople; chez nous, il faut remonter au delà de 89. Encore le système lui-même n'était-il pas doctriné : la France alors gémissait sous un pareil régime, mais ne le proclamait pas. Il faudrait maintenant, pour être avec Henri V, tel que ses écrits et ses paroles nous le montrent, tel qu'il est, tel qu'il restera dans le secret de la conscience, dépasser un consentement équivoque et acclamer l'absolutisme *tout cru*. Voilà l'*ultimatum* posé à Frohsdorf.

Se figure-t-on bien dans le pays la proclamation de l'ancien régime avec toutes ses conséquences : la négation de la souveraineté nationale, la subordination pleine et entière de la France aux volontés d'un prince, le drapeau tricolore abattu, le drapeau blanc flottant à sa place, l'abandon de l'indépendance du pouvoir civil à l'égard de l'autorité religieuse? Certes il faut respecter la légalité; mais on ne doit pas porter un défi au sentiment national. Il faut que cette légalité ait des racines, soit viable. Toutes ces conquêtes de nos pères, affirmées par nous, ne peuvent plus être abandonnées. Nos neveux nous en demanderaient compte.

Croit-on par hasard que le sentiment religieux et la religion catholique en particulier se trouveraient bien de cette sujétion réciproque de l'ordre religieux et de l'ordre civil? L'expérience de la Restauration peut nous instruire. La Restauration était hautement favorable au catholicisme; elle voulait le servir, elle n'a fait que le compromettre. Au lieu de le protéger, elle s'en était fait comme un bouclier exposé à tous les coups. Cette solidarité entre le trône et l'autel, proclamée de nouveau par Henri V, fut funeste à tous les deux. Il ne faut pas compromettre, dans la lutte des partis, les choses éternelles avec les institutions qui passent. Au lendemain de la Restauration, favorable au clergé, les ministres du culte étaient insultés: à la chute du gouvernement de Juillet, qui passait pour lui être hostile, les prêtres furent respectés, et la religion avait accru sa légitime influence.

Quelques adeptes au dogme du droit divin de Henri V demandent à la France entière, après 89 et 1830, un acte de foi et de repentance. Eh bien! la France ne croit plus ni ne se repent, dans ce sens. Sa foi est toute autre. Les générations nouvelles, dont l'avénement s'est accompli depuis quatre-vingts ans, nient le dogme de la légitimité de droit divin. Le pays ne se repent ni de ses négations ni de ses affirmations. Il ne veut pas répudier les principes dont la France a été l'initiatrice dans le monde, qui ont converti presque toute l'Europe et qui servent désormais de base à la société moderne. Car, qu'on y songe bien, ce n'est pas un changement local qu'il s'agirait d'accomplir, c'est une révolution européenne qu'on devrait entreprendre pour assurer la nôtre. Aussi les légitimistes y pensent-ils déjà, et ils veulent commencer à Madrid et à Rome. C'est la guerre étrangère en même temps que la guerre civile qu'il faut provoquer. Ces prétendus conservateurs sont en réalité des radicaux intraitables. Guerre civile, guerre religieuse, guerre sociale, révolution universelle: voilà le bilan de la légitimité.

Vous dites que la France est éminemment monarchique, parce qu'elle compte quatorze cents ans de monarchie dans son histoire. Quatorze cents ans, je le veux bien, mais la France actuelle a-t-elle vécu sous cette monarchie ? Ce n'est point sous cette vieille monarchie que sont nées les générations aujourd'hui vivantes. Quatorze cents ans de monarchie, c'est beaucoup, sans doute, mais c'est parce que cette monarchie a beaucoup vécu et souvent mal vécu, qu'elle est morte. Dire que, parce qu'elle a longtemps vécu, elle doit vivre encore, c'est dire qu'un homme qui a vécu cent ans ne doit plus mourir, et, s'il est mort, qu'il doit ressusciter. Un peuple, comme l'humanité, ne continue à vivre qu'en se transformant. Le régime qui convient à un âge ne convient plus à un autre. Il ne faut pas vouloir imposer le même régime à toutes les périodes de l'existence.

Vous nous reprochez notre état d'instabilité depuis que l'antique royauté n'est plus sur le trône au titre que vous voudriez faire revivre. Mais que de convulsions intérieures, douloureuses et terribles, sous cette apparente uniformité d'un régime que vous voudriez faire renaître ! Nos révolutions, malgré leurs excès et leurs crimes, sont moins funestes que les Dragonades et la Saint-Barthélemy, entre autres aventures de ce régime du bon plaisir. Notre état instable est mille fois préférable, avec ses imperfections qui du moins pourront s'amoindrir, au régime permanent que la France a supporté pendant des siècles. La prospérité s'est augmentée, la moyenne de l'existence humaine s'est accrue, malgré nos révolutions, et sans doute par leur fait même, par les changements qu'elles ont opérés. Les souffrances temporaires produites par ces révolutions n'approchent pas de la situation misérable, normale et permanente où gémissait la nation. Les violences détestables de nos troubles civils ne se comparent pas avec les exactions quotidiennes dont souffrait le pauvre peuple sous l'ancien régime. Je parle de la masse de la nation. Quant à la petite caste des privilégiés, je n'en dis rien, bien que le pouvoir absolu leur fît souvent rudement expier leurs priviléges.

Un régime libéral protecteur de tous a ce double avantage de faire mieux les affaires de la communauté et de donner à chacun le moyen de faire les siennes, en inspirant à chaque citoyen la conscience fortifiante de sa propre individualité et de sa responsabilité personnelle. Ce sont là des conquêtes dont nous faisons tous un usage journalier, dont le développement très-réel, incontestable de la prospérité et du bonheur publics à travers nos révolutions, sont d'éclatants témoignages. Ce sont là des biens dont nous jouissons comme de la lumière avec la vie. On ne peut nous les arracher, et pour un temps seulement, qu'avec des violences inouïes.

Vous dites qu'on ne peut revenir aux abus de l'ancien régime. Non, sans doute; mais c'est parce que nous nous opposons à ces abus, ainsi qu'à cet ancien régime lui-même. Et remarquez-le bien, il y a plus loin du régime nouveau à l'ancien que de l'ancien régime à ses abus, qui en sortaient naturellement. Si nous pouvions admettre le principe, nous en aurions bientôt les conséquences. Ses maux seraient encore aggravés par la lutte sans cesse renaissante qu'il faudrait sans cesse comprimer. Les aspirations avouées du parti légitimiste, sans parler de celles qu'on n'avoue pas, ne sont sans doute que des rêves d'une réalisation impossible; mais c'est à la condition que le pays protestera contre de pareilles tendances; sinon la royauté de Henri V pourrait s'installer, et ce ne serait qu'un premier succès qui enhardirait les zélateurs de l'ancien régime dans leurs prétentions les plus exagérées et les plus détestées. Qu'on pense au train dont les choses allaient sous la Restauration, malgré les résistances du roi lui-même au parti des émigrés, quand Louis XVIII se voyait obligé de dissoudre la Chambre qualifiée d'introuvable et de renvoyer dans leurs terres ces amis compromettants. Ces absolutistes, qui avaient alors le roi contre eux, auraient aujourd'hui le roi pour eux. Ce sont ces légitimistes extrêmes, ces radicaux de l'armée de Condé, retirés dans leurs manoirs, dont ils n'étaient plus sortis, qui triomphent déjà dans leur parti, mènent la bande et imposent leurs idées à tout le clan légitimiste. C'est l'émigration qui revient et réclame le prix de sa longue hostilité au progrès moderne. Les hommes de la nuance de Berryer sont traités de tièdes et de traîtres. Les ultras exultent, mais cette fois soutenus par leur roi, tandis que les ultras de la Restauration étaient repoussés par Louis XVIII. Ces revenants d'un passé qu'on croyait à jamais disparu se font non-seulement un titre personnel, mais une force pour leur parti, de leur longue défaite, l'attribuant à une coupable modération et à une lâche défaillance du pouvoir absolu. Il faut, disent-ils, écraser la Révolution partout dans son principe et dans ses œuvres. La Restauration de

1815 a été faible en transigeant avec l'esprit moderne ; une nouvelle ne le serait plus en 1873. La première a pactisé en quelque chose avec la France de la Révolution. On ne retomberait plus dans les mêmes fautes. On a succombé par les concessions ; on est bien résolu à n'en plus commettre.

Voilà, pour ce parti, les enseignements du passé ! Nous savons ce que cela veut dire et ce que cela promet, et nous croyons à ces promesses d'hommes honorables, sans doute, mais aveugles, et plus ils sont convaincus, plus nous craignons leur fanatisme. Ce sont eux qui, sous la Restauration, blâmaient le milliard aux émigrés ; suivant eux, il était injuste de faire payer à la Nation la rançon des biens nationaux qu'on eût dû tout simplement enlever, sans indemnités, aux nouveaux possesseurs. Le trône de Henri V, portant sur de pareils soutiens, s'abîmerait bientôt, sans doute : mais nous serions entraînés avec lui dans un abîme, dont la France, peut-être, ne sortirait plus.

Vous vous défiez des villes, malgré votre foi dans le succès ; vous vous défiez des villes, et vous avez raison. Mais les villes sont des foyers circonscrits où, avec la force, l'incendie peut être étouffé. Oubliez-vous, cependant, les campagnes, sur lesquelles vous comptiez jadis ? Ignorez-vous leur attachement à la Révolution, les antipathies qu'elles éprouvent pour l'ancien régime, l'aversion qu'elles nourrissent contre lui, et l'explosion que ce fantôme évoqué par vous peut faire éclater ? Vous y verriez bientôt renaître une Jacquerie que vous ne pourriez maîtriser. L'insurrection y deviendrait générale. On sait, vous tout particulièrement, par la Vendée, combien une guerre de paysans est terrible. Pensez-vous au soulèvement que provoquerait l'étendard de l'ancien régime ? La sédition se relèverait derrière vos colonnes mobiles, car vous ne pourriez occuper tout le pays, et vos régiments, avec le drapeau blanc, sembleraient une force étrangère ; vos troupes, une armée d'invasion.

Le jour même où Henri V serait proclamé, l'émeute éclaterait dans les villes. Vous en triompheriez, je n'en doute pas. Mais croyez-vous que si, en 1830, M. de Polignac eût écrasé l'émeute à Paris, c'en était fait de la Révolution? Le soulèvement se fût propagé par tout le royaume, et les victoires partielles eussent inévitablement conduit le pouvoir à une irrémédiable défaite.

La Révolution politique et sociale, entendez-le bien, accomplie au dernier siècle, n'est plus à faire ni à défaire. Elle a pénétré dans nos mœurs, elle est devenue notre vie même. La Providence permettrait-elle encore qu'elle essuie dans ses manifestations des éclipses par des jours d'orage, comme le soleil que cachent un moment des nuées? Le foyer ne s'éteindra pas. Notre civilisation est un flambeau qu'une révolution ne peut plus désormais anéantir. On semble croire que ce qui était impossible en 1848, en 1830 et en 1789, on le pourrait en 1873. Qu'on songe que tous les changements accomplis dans notre pays, toutes nos révolutions, qui n'ont pas rappelé les Bourbons avec l'ancien régime, ont été par là même une protestation contre eux et contre lui, et l'on voudrait que la France se donnât aujourd'hui un pareil démenti! Tant de désastres successifs ont rendu la défaite irrémédiable. Une monarchie n'est pas comme Antée, qui reprenait des forces chaque fois qu'il était jeté par terre.

Et nunc, reges, intelligite! Que l'histoire des Stuarts vous instruise sur la destinée des Bourbons.

II

L'Assemblée le voulût-elle, pourrait-elle rappeler Henri V? Quand on a tout pouvoir, ce n'est pas à dire que tout devient facile et possible. L'Assemblée est ou semble être souveraine parce qu'elle est l'unique pouvoir. Mais en fait et en bonne logique, n'a-t-elle pas laissé passer le temps où elle pouvait changer la forme politique et donner un roi à la France ? Elle ne le voulait pas quand elle le pouvait, il y a deux ans, quand elle sortait de l'élection et avait avec le pays un lien récent qui s'est affaibli par le temps. Représente-t-elle encore aujourd'hui ce qu'elle représentait alors ? Est-elle restée l'image du pays, ce qui faisait sa puissance ? Depuis trois ans, les dispositions du pays et celles de l'Assemblée se sont modifiées, mais en sens contraire ; de telle sorte que, si elle est restée la représentation légale, elle n'est plus la représentation réelle des tendances nationales. Chaque élection nouvelle vient protester contre la fiction légale. Si elle veut aujourd'hui la monarchie, c'est qu'elle a dévié de la voie dans laquelle la nation s'est au contraire affermie. Quand bien même les éléments de la Chambre auraient réussi à se grouper pour former une majorité de quelques voix pour Henri V, est-ce avec une pareille majorité qu'on peut changer la forme politique d'un pays qu'on sait n'avoir pas avec soi, et espérer de donner un nouveau gouvernement à un peuple ? Il n'est pas non plus admissible que l'on puisse, comme pour les affaires courantes, trancher pour la France une question d'avenir, une question de vie ou de mort peut-être, sans compléter par l'élection les vides de la Chambre. Eh bien ! la majorité qu'espèrent les plus fervents partisans du droit divin serait, suivant eux-mêmes, de quelques voix tout au plus, et telle que les députés à élire, avant six mois, en entrant à la Chambre, changeraient cette majorité en minorité. Les élections nouvelles auraient encore une signification plus haute : elles montreraient, par l'exemple de quelques colléges pris au hasard, ce qu'on pourrait attendre des autres colléges si on les consultait.

Enfin la Chambre, pour amener le retour de Henri V, compterait-elle refondre la loi électorale ? On peut modifier et changer cette loi tant que l'on voudra, essayer de tous les systèmes, de toutes les combinaisons possibles : on ne parviendra jamais à rendre la composition des collèges telle, qu'ils donnent la majorité au comte de Chambord. Tous ces efforts désespérés tourneraient d'autant mieux à la confusion du parti.

L'accord si difficile entre les princes, irréalisable entre la France et Henri V, est à peu près impossible entre Henri V et la majorité de la Chambre elle-même.

Assurément il est une portion de la droite en communion avec Frohsdorf, prête à acclamer le despotisme et le droit divin, et qui même protesterait si M. le comte de Chambord était capable de concessions aux idées modernes, comme les ultras de la Restauration ont protesté contre Louis XVIII et contre la Charte. Mais c'est précisément cette doctrine hautement proclamée, établissant comme un mur entre Henri V et le pays, qui sépare les monarchistes libéraux des doctrinaires du droit divin, et s'oppose au succès de la cause légitimiste dans l'Assemblée. Les

Royer-Collard et les Martignac sont des hérétiques pour ces dogmatistes, comme Bossuet et les prélats français de 1682 sont des hérétiques pour l'*Univers*.

Mais la Chambre, que peut-elle faire devant des prétentions monarchiques appuyées de telles théories, en face d'un despotisme si résolu ? Il va sans dire qu'il n'est pas un homme de la gauche qui puisse sans ignominie, en votant pour la légitimité du droit divin, renoncer à toutes les franchises et garanties obtenues par nos pères, rejeter la souverainé nationale, la laïcité de l'Etat, la liberté de conscience, l'indépendance du pouvoir civil, tous les principes de notre droit civil et politique. Mais dans la droite même, parmi les partisans convaincus de la forme monarchique, se trouvent un grand nombre de fermes défenseurs de 1830 et de 89. Ils ont eux-mêmes longtemps combattu pour les principes devenus nécessaires à notre vie sociale et à notre civilisation. Voudraient-ils renier leur passé ? Ces constants soutiens du gouvernement constitutionnel, ceux qui voulaient vivre avec la Charte et avec les Bourbons, ceux qui espéraient un accord dont 1830 a montré l'impossibilité, consentiront-ils à un retour en arrière, ne fût-ce que jusqu'à 1815 ? Voudraient-ils ramener la France à ce point de départ, pour lui voir courir la carrière des révolutions et les étapes depuis la Restauration jusqu'à nos jours ? Tous les vieux parlementaires de la Restauration et leurs fils de 1830, fidèles héritiers de leurs principes, ne peuvent renoncer à l'honneur de toute leur vie. C'est pour eux tous une obligation étroite de repousser encore les prétentions contre lesquelles ils ont toujours lutté avec conviction et fermeté. On ne peut pas attendre assez de défections dans la Chambre pour donner la majorité au drapeau blanc avec sa signification avouée et consentie. Nous ne pouvons admettre que la majorité de la Chambre veuille mettre la France à merci, aux genoux du représentant de l'ancien régime systématisé et appesanti. Ceux même qui auraient accepté une royauté constitutionnelle ne voudront pas s'engager dans une croisade imprudente contre la nation et ses conquêtes. La majorité comprendra que le despotisme peut exister comme fait, mais que c'est une démarche profondément illogique que de demander à la fois à une nation de s'annuler et de déclarer par ses représentants qu'elle n'a aucun droit de délibérer et qu'elle rappelle par un vote le gouvernement absolu, ce qui serait en même temps déclarer nulle en droit sa présente déclaration.

Il n'y a qu'une manière logique, conséquente, pour Henri V, de rentrer en France pour remonter sur le trône qu'il prétend lui appartenir : c'est d'y rentrer par la conquête, avec l'armée dont il aura déchiré le drapeau ; c'est de jeter dehors la représentation nationale, et non de lui demander une déclaration de nulle valeur aux yeux de la royauté de droit divin, déclaration qui ne serait pour l'Assemblée que l'aveu de son usurpation et la signature de son déshonneur.

Le bon sens de la représentation nationale dira: « Si nous n'avons aucun droit, nous n'avons aucune mission; passez-vous donc de nous, puisque nous ne sommes rien. Si nous étions quelque chose, nous ne le serions que par les électeurs qui nous ont envoyés ici et que nous trahirions honteusement, sans profit pour vous, à qui nous ne pouvons forger un titre, titre nouveau qui, au lieu de fortifier le vôtre, ne ferait que l'affaiblir en le rajeunissant. Votre droit, dites-vous, vous ne le tenez de personne : il vous vient de Dieu seul. Contentez-vous-en donc. »

La Chambre ne pourrait que supplier Henri V de venir donner ses lois à la France. Les députés ne peuvent qu'adresser à Henri V une supplique comme individus sans mandat et non comme représentants, car Henri V ne reconnaît pas à la France le droit de nommer des délégués qui disposent de son sort, puisque la nation ne peut déléguer un droit qu'elle n'a pas.

Il faudrait d'abord que la Chambre commençât par reconnaître que devant le pouvoir souverain et absolu de Henri V elle n'est rien. En présence du roi seul légitime, un acte constituant de l'Assemblée, fût-ce pour le rappeler, serait encore un acte de sédition. Voilà les conséquences.

L'Assemblée les acceptera-t-elle? Nous avons confiance que non.

Et ces conséquences, quelques-uns cherchent bien à les dissimuler : mais rendons justice aux organes sincères du vrai parti légitimiste : toutes ces conséquences, toutes ces conditions, ils les accentuent nettement, et tous les jours. Loin de les cacher, ils les exagéreraient plutôt si c'était possible ; s'il pouvait rester un malentendu, ce ne serait pas leur faute.

En résumé, la légitimité a demandé à l'orléanisme d'abdiquer dans la personne du comte de Paris. Cette abdication, elle est faite. Aujourd'hui les orléanistes, qui ne se rallient pas encore à l'idée de la République, demandent au comte de Chambord, quoi? De se faire orléaniste. C'est lui demander l'impossible, c'est exiger de lui qu'il cesse d'être sincère, c'est lui proposer de se rendre méprisable à ses yeux et aux nôtres.

Que reste-t-il donc à faire aux libéraux de toute nuance, monarchistes ou républicains? C'est de repousser les prétentions de Henri V. Ce n'est pas en effet de république qu'il s'agit; il s'agit de beaucoup plus encore : c'est de choisir entre les principes qui font la vie de la France depuis 89 et la négation de ces mêmes principes. Le monde ancien et le monde nouveau sont en présence.

L'orléanisme a vécu. Il était comme un radeau pour le sauvetage entre la monarchie traditionnelle et la république. Il a sombré. Cet intermédiaire d'une royauté reconnaissant les droits nationaux a disparu. Mais il n'a pas péri corps et biens. Quel port de salut vont chercher les naufragés? Tout le parti orléaniste est désagrégé, et ses éléments vont se grouper suivant leurs affinités primitives. De songer qu'ils iront à la légitimité de droit divin, contre laquelle ils ont toujours protesté, il n'y a guère apparence, bien que le chef du parti y soit allé, car les partisans de la royauté constitutionnelle n'appartenaient pas au comte de Paris, comme les légitimistes appartiennent au comte de Chambord. Le petit-fils de Louis-Philippe Ier les a quittés : ils défendaient ensemble les mêmes principes d'indépendance nationale qu'ils continueront à défendre sans lui. Le comte de Paris, à ce titre, leur appartenait plus qu'ils n'appartenaient au comte de Paris. La conversion du jeune prince est tout individuelle, elle n'entraîne personne avec lui. Ceux qui soutenaient la cause de la société moderne n'ont qu'à rester fidèles et fermes dans leurs doctrines. Il n'y a pas de raison pour qu'ils cessent d'être aujourd'hui ce qu'ils étaient hier.

On exagère souvent et l'on force le sens des mots en parlant à tout propos de principe et de croyance. C'est un abus. On ne peut avoir de foi que dans les principes. Or, il n'y a que deux principes en politique : le despotisme et la liberté. Le reste n'est qu'affaire d'opinion et non de croyance. Il faut aujourd'hui choisir entre la liberté et le despotisme. Le despotisme basé sur le consentement populaire, c'est l'Empire tombé dans les catastrophes où il a précipité le pays. Le despotisme traditionnel, c'est le droit divin, que nous repoussons. L'orléanisme, qui invoquait la souveraineté nationale, y renonce et abdique. Il ne reste que la république, qui représente la liberté.

L'alternative est donc entre le despotisme qui a fait ses dernières preuves à Sedan et la République qui, avec M. Thiers, a réparé les fautes de l'Empire en ce qu'elles avaient de réparables. Le sort en est jeté, et c'est de l'extrême droite que vient la mise en demeure pour la France de choisir et de se prononcer. Aujourd'hui la question est posée et ne peut plus être ajournée : il faut que la royauté ou la république reste sur le carreau. Pour tous les hommes vraiment de leur temps, la question n'est pas douteuse. Tous les représentants d'un gouvernement parlementaire repousseront le droit divin.

Assurément, la République subit aujourd'hui une grande crise. Nous avons confiance qu'elle lui sera salutaire ; elle tournera à son avantage, à sa consolidation. Les radicaux de gauche comprendront qu'ils sont impuissants à maintenir seuls la République qu'ils voulaient s'approprier, comme les radicaux de droite sont impuissants à faire une monarchie dont ils prétendaient exclure les libéraux. Les monarchistes, désabusés, en adhérant à la République, en élargiront la base, qu'ils rendront plus solide. Ils lui imprimeront un sens nettement conservateur, dont aucun gouvernement durable ne saurait se passer.

Cette dernière tentative monarchique et la dissolution de l'orléanisme amèneront à la République de précieuses recrues, pour fonder un gouvernement durable, sur un vrai et solide principe, la liberté.

G. LEVAVASSEUR.

EN VENTE A LA MÊME LIBRAIRIE.

Paris. — Imprimerie Gauthier-Villars,
55, quai des Grands-Augustins. — 1827-73.

www.ingramcontent.com/pod-product-compliance
Ingram Content Group UK Ltd.
Pitfield, Milton Keynes, MK11 3LW, UK
UKHW032014260826
14628UKWH00005B/2492

9 782012 395602